www.kreative-manufaktur.de
Jetzt auch online
Selbermachen. Genießen. Verschenken.

EIN STÜCK SOMMER GLÜCK

EIN STÜCK SOMMER GLÜCK

EIN STÜCK SOMMER GLÜCK

Selbermachen. Genießen. Verschenken.

Blütengenüsse aus der kreativen Manufaktur
sind schöne Geschenke und Mitbringsel:
mit Sorgfalt hergestellt, mit Liebe verpackt.

Annette Kunkel • Anna Postel

INSPIRATIONEN FÜR KLEINE BLÜTENGESCHENKE
Kulinarische Genüsse hübsch verpackt

Inhalt

Blütenlust

Blühender Borretsch und Oregano, herrlich duftender Lavendel, leuchtend gelbe Kapuzinerkresse, samtweiche Rosenblüten – dies alles sind Zutaten, die auf der Zunge zergehen. Ein Kräuterblütenessig passt hervorragend zum Sommersalat, Lavendel und Rosen versüßen als aromatisierter Zucker köstliches Gebäck und ein Öl mit Kapuzinerkresseblüten sieht nicht nur ausgesprochen schön aus, sondern besticht auch durch seinen fein-würzigen Geschmack. In diesem Buch erwarten Sie leckere, einfach nachzumachende Rezepte, liebevoll gestaltete Geschenkverpackungen und bezaubernde Kreativideen rund um das Thema Blüten. Also: Verschenken Sie doch mal ein Sommerblütenpesto oder verwöhnen Sie sich beim Sonntagsfrühstück mit einem Brötchen mit Blütenmarmelade. Wir wünschen viel Freude beim Schenken und Genießen!

Gewürzblütenessig
Sommeraromen

Waschen Sie die Kräuter, tupfen Sie sie auf einem Küchenhandtuch trocken und füllen Sie sie in saubere Glasflaschen.

Die Kräuter in den Flaschen mit Essig aufgießen. Achten Sie darauf, dass die Kräuter komplett bedeckt sind. Der Essig nimmt nach und nach Geschmack und Farbe der Blüten an. Nach etwa drei Wochen hat sich das Aroma entfaltet.

Hinweis: Zum Verschenken sehen frisch angesetzte Essige mit Blüten sehr dekorativ aus. Im Aromatisierungsprozess wird den Blüten und Kräutern allerdings weitgehend die Farbe entzogen. Man sollte sie dann entfernen.

Der Blütenessig ist ca. 6 Monate haltbar.

Die Verpackungsidee für den Blütenessig finden Sie auf Seite 10/11.

Kräuterblütenessig
Zutaten für 500 ml

10 Schnittlauch-
blüten
2 Dillblüten
20 Borretschblüten
500 ml Weinessig
oder Aceto Bianco

Sommerblütenessig
Zutaten für 500 ml

3 Salbeiblüten
3 Lavendelblüten
15 Gänseblümchen
500 ml Weinessig
oder Aceto Bianco

Transparente Etiketten für den Gewürz- blütenessig

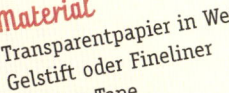

Material
Transparentpapier in Weiß
Gelstift oder Fineliner
Masking Tape
evtl. Satinband

Vorlage Seite 58

Übertragen Sie die Vorlage auf das Transparentpapier und schneiden Sie das Etikett mit der Schere oder dem Cutter aus. Fassen Sie die langen Seiten 5 mm breit mit Masking Tape ein und beschriften Sie anschließend das Etikett mit Gelstift oder Fineliner.

Befestigen Sie das Etikett mit dem gleichen Masking Tape an der Flasche. Zum Schluss können Sie noch eine farblich passende Schleife aus Satinband um den Flaschenhals binden.

Blütenöl zum Würzen

Waschen Sie die Kräuter und Blüten sorgfältig, tupfen Sie sie auf einem Küchentuch trocken und füllen Sie sie in saubere Glasflaschen. Für das Öl „Provence" die Knoblauchzehe in zwei Hälften schneiden und ebenfalls in die Flasche geben.

Gießen Sie dann das Öl auf. Geeignet sind alle hochwertigen, geschmacksneutralen Öle. Achten Sie beim Aufgießen darauf, dass das Öl alle Kräuter umschließt, um Schimmel zu vermeiden. Den Ansatz mindestens eine Woche ziehen lassen. Vor dem Gebrauch die Kräuter entfernen

Tipp: Falls kein blühender Oregano oder Thymian vorhanden ist, können Sie auch Blattzweige dieser Kräuter verwenden. Eine Zugabe von Bohnenkraut statt Thymian verleiht vor allem Lammfleisch eine delikate Würze.

Das Blütenöl ist kühl und trocken gelagert – z. B. im Kühlschrank – ca. 2 Monate haltbar.

Die Verpackungsidee für das Blütenöl finden Sie auf Seite 14/15.

Kräuterblütenöl „Provence"
Zutaten für 500 ml

3 Lavendelblüten
2 Salbeiblüten
je 2 Zweige
blühender Oregano
und Thymian
1 Rosmarinzweig
1 Knoblauchzehe
500 ml Sonnenblumenöl

Kapuzinerkresseblütenöl
Zutaten für 4 Flaschen à 250 ml

40 Kapuzinerkresseblüten
evtl. einige Blätter
1 l Sonnenblumenöl

Klebe-Etiketten für das Blütenöl

Material
Masking Tape in
Rot-Weiß gestreift
Buchstaben-Etiketten
Schere

Dieses Etikett ist schnell und einfach umgesetzt: Schneiden oder reißen Sie einen langen Streifen des Masking Tapes ab und kleben Sie ihn auf einen glatten Untergrund (z. B. eine Klarsichtfolie), damit sich der Streifen leicht wieder ablösen lässt. Bekleben Sie den Streifen dann nach Wunsch mit den Buchstaben-Etiketten, lösen Sie ihn vom Untergrund ab und bringen Sie das fertige Etikett an der Flasche an.

MIT LIEBE
GEMACHT

Ringelblumen,
Lavendel, Rosen und Co.
sind wahre Multitalente:
Genießen Sie nicht nur die
Farbenpracht und den betörenden
Duft der Blüten in der Natur, sondern
auch die Geschmackserlebnisse beim
Verzehren kleiner Köstlichkeiten
wie Blütenzucker, Rosenlikör
oder Holunder-
blütensirup.

Blüten-
pesto

Feiner Blütensirup
süßer Genuss

Bei diesen Rezepten wurde der für einen Sirup übliche Zucker-
zusatz stark reduziert. Dadurch tritt das Blütenaroma stärker
hervor und Getränke und Cocktails werden weniger süß.
Die Haltbarkeit ist durch das heiße Abfüllen über ein Jahr
gewährleistet. Die Zugabe konzentrierter Zitronensäure als Kon-
servierungsmittel ist nicht nötig.

Das Wasser zusammen mit dem Zucker aufkochen, bis sich der
Zucker gelöst hat. Die Holunder- oder Lavendelblüten ausschütteln und säubern, die Zitronen in Scheiben schneiden. Alles
in den Topf mit dem Zuckerwasser geben und 10 Minuten bei
niedriger Temperatur köcheln lassen (nicht kochen!). Den Sirup
24 Stunden an einem kühlen Ort ziehen lassen. Den Sud dann
filtern und erneut erhitzen; auch die Flaschen erhitzen. Zum
Schluss den heißen Sud in die Flaschen füllen.

Hinweis: Der Holunderblütensirup hat ein vanilleartiges mildes
Aroma. Lavendelsirup schmeckt leicht bitter und erinnert eher
an den Geschmack der Grapefruit.

Der Blütensirup ist ca. 12 Monate haltbar.

Die Verpackungsidee für den Blütensirup finden Sie auf Seite
20/21.

Zutaten für
12 Flaschen à 250 ml

12 Holunder-
blütendolden oder
6 gehäufte EL
Lavendelblüten
5 unbehandelte
Zitronen
750 g Zucker
3 l Wasser

EIN STÜCK
SOMMER
GLÜCK

EIN STÜCK
SOMMER
GLÜCK

EIN STÜCK
SOMMER
GLÜCK

Wimpel-Etiketten für den Blütensirup

Material
Tonpapier in Cremeweiß
Gelstift oder Fineliner
Masking Tape in Rot,
Grün und Hellgelb
doppelseitiges Klebeband

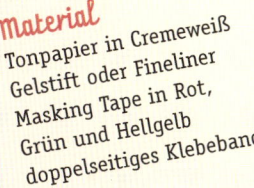

Schneiden Sie aus dem cremeweißen Papier ein 5,5 cm x 7 cm großes Rechteck aus. Zeichnen Sie an der oberen Kante mit dem Fineliner oder Gelstift wie abgebildet eine geschwungene Linie auf. Dann aus dem Masking Tape kleine Dreiecke ausschneiden und entlang der Linie aufkleben, sodass eine Wimpelkette entsteht.

Beschriften Sie zum Schluss das Etikett und kleben Sie es mithilfe des doppelseitigen Klebebands an die Flasche.

Tipp: Masking Tape ist in vielen verschiedenen Farben und Mustern erhältlich. Sie können also die Wimpelfähnchen nach Herzenslust variieren.

Lavendelkissen
für süße Träume

Material

Leinenstoff mit weißem Blütenmuster, 9,5 cm x 12 cm (Vorderteil 1)
Canvas in Olivbraun, 6,5 cm x 9,5 cm (Vorderteil 2),
4 cm x 10 cm (Schlaufe) und 9,5 cm x 17,5 cm (Rückteil)
25 g Lavendelblüten
Fotokarton in Weiß
Tonpapier in Natur
Lochzange
Nähmaschine, Faden
Sicherheitsnadel

Nähen Sie beide Teile der Vorderseite rechts auf rechts an ihren 9,5 cm breiten Seiten zusammen und bügeln Sie die Nähte auseinander.

Für die Schlaufe die beiden äußeren Kanten des Stoffstückes zur Mitte falten und bügeln. Den Streifen in der Mitte zusammenklappen, bügeln und knappkantig absteppen. Dann den Streifen zur Schlaufe legen.

Legen Sie das Vorder- und das Rückteil rechts auf rechts aufeinander und stecken Sie dabei die Schlaufe so dazwischen, dass sie nach dem Wenden nach außen zeigt. Nähen Sie das Kissen an zwei langen Seiten und der kurzen Seite mit Schlaufe zusammen, wenden und bügeln Sie es. Befüllen Sie das Kissen mit den Lavendelblüten. Schlagen Sie den Stoff der noch offenen Seite etwa 1 cm nach innen ein und steppen Sie die Öffnung zusammen.

Für das Etikett einen Kreis aus Fotokarton ausstanzen und einen Teil des Kreises wegschneiden. Aus dem Tonpapier ebenfalls einen gleich großen Kreis ausstanzen, den größeren Teil davon wegschneiden und den Rest auf den weißen Karton aufkleben. Das Etikett beschriften und lochen und mit einer Sicherheitsnadel befestigen.

Blütenlikör
kleine Flaschengeister

Die Holunderblüten oder Rosenblätter säubern. Die Rosenblätter übereinanderstapeln und die weißen Enden abschneiden.

Die jeweiligen Blüten zusammen mit dem Zucker und dem Wasser 10 Minuten köcheln (nicht kochen!). Dann zugedeckt 24 Stunden ziehen lassen. Die Lösung filtern und den Schnaps dazugeben. Lassen Sie den Likör vor dem Genuss einige Tage ruhen, damit sich das Aroma voll entfalten kann.

Der Blütenlikör ist ca. 6 Monate haltbar.

Die Verpackungsidee für den Blütensirup finden Sie auf Seite 28/29.

Rosenlikör
Zutaten für
4 Flaschen à 250 ml

5 Tassen Blütenblätter der Duftrose
200 ml Wasser
200 g Zucker
1 Vanilleschote
700 ml Weinbrand

Holunderblütenlikör
Zutaten für
4 Flaschen à 250 ml

5 Holunderblütendolden
500 ml Wasser
1 unbehandelte Zitrone
200 g Zucker
500 ml Korn oder Wodka

Etikett und Manschette
für den Blütenlikör

Material

Scrapbookpapier in
Grün und Rosa gemustert
selbstklebende Etiketten
in Weiß, 5 cm x 1,8 cm
Gelstift oder Fineliner
doppelseitiges Klebeband
Lochzange
Satinband in Blau und
Cremeweiß, 3 mm breit

Beschriften Sie die Etiketten und kleben Sie sie mit groß-
zügigem Abstand zum Rand und zueinander auf das Scrapbookpapier. Lochen Sie das Etikett wie abgebildet und schneiden Sie den
Rand auf genau 5 mm ringsherum zurück.

Für die Banderole ein ausreichend großes Rechteck zuschneiden
und mit der doppelseitigen Klebefolie an der Flasche befestigen.
Zum Schluss binden Sie das Etikett mit dem Satinband um den
Flaschenhals.

Blütenmarmelade
Frühstück auf der Blumenwiese

Die Blütenblätter übereinanderstapeln, dann die weißen Enden der Rosenblätter und die schwarzen Enden der Mohnblätter abschneiden. Die Blätter waschen und abtropfen lassen und sie dann in eine Schüssel geben.

Verteilen Sie nun den Gelierzucker über die Blütenblätter, geben Sie 200 ml Wasser dazu, kneten Sie die Blüten durch und lassen Sie sie über Nacht ziehen.

Die Mischung aus Zucker und Blütenblättern in einen Topf geben, 300 ml Wasser und den Saft einer Zitrone dazugeben und langsam unter ständigem Rühren erhitzen. Lassen Sie die Masse sprudelnd kochen, bis ein zäher Sirup entsteht. Nehmen Sie mit einem Schaumlöffel die Blüten heraus und streichen Sie die Masse durch ein Sieb. Nach der Gelierprobe die Marmelade in die heiß ausgespülten Gläser füllen.

Die Blütenmarmelade ist ca. 1 Jahr haltbar.

Die Verpackungsidee für die Blütenmarmelade finden Sie auf Seite 32/33.

Zutaten für 4 Gläser à 200 ml

150 g Blütenblätter der Duftrose
50 g Blütenblätter vom wilden Mohn
5 Holunderblüten-dolden
1 Zitrone
500 g Gelierzucker
2 plus 1
600 ml Wasser

Blumen-Etikett für die Blüten-Marmelade

Material

Packpapier
Fotokarton in Weiß
Textstempel zum
Selbersetzen
Stempelfarbe in Weiß
Motivstanzer „Oval",
5 cm breit
Konturenschere mit
Wellenrand
doppelseitige Klebefolie

Stanzen Sie mit dem Motivstanzer ein Oval aus dem Packpapier und bestempeln Sie es mit dem selbst gesetzten Text.

Kleben Sie das Oval nach dem Trocknen der Stempelfarbe auf ein Stück weißen Karton und schneiden Sie das Etikett mit der Wellenrandschere wie abgebildet aus.

Zum Schluss das Etikett mit der doppelseitigen Klebefolie am Glas befestigen.

Farbenfrohe Teebeutel für herrliche Kräuter- und Blütentees

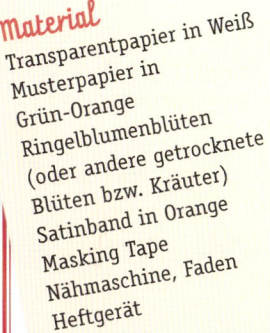

Material

Transparentpapier in Weiß
Musterpapier in
Grün-Orange
Ringelblumenblüten
(oder andere getrocknete
Blüten bzw. Kräuter)
Satinband in Orange
Masking Tape
Nähmaschine, Faden
Heftgerät

Schneiden Sie aus dem Transparentpapier ein 8 cm x 14 cm großes Rechteck zu und kleben Sie es parallel zur kurzen Seite mit Masking Tape zur Rolle. Nähen Sie eine Seite an der Nähmaschine zusammen.

Schneiden Sie dann aus dem Musterkarton ein 7 cm großes Quadrat aus und falten Sie es in der Mitte. Befüllen Sie den Beutel, legen Sie die oberen Ränder um 90° zum Boden versetzt aufeinander und heften Sie den Karton wie abgebildet als Verschluss an. Fädeln Sie zum Schluss ein Satinband durch den Karton und binden Sie es zur Schleife.

Hinweis: Die Teebeutel nicht ins kochende Wasser halten! Schneiden Sie den Beutel vor Gebrauch auf und schütten Sie die Blüten bzw. Kräuter lose ins Teeglas oder in die Teekanne.

Holundergelee
mit Blütenschmuck

Streuen Sie den Gelierzucker über die gesäuberten Blütendolden. Geben Sie 200 ml Wasser darüber und lassen Sie alles über
Nacht ziehen.

Die Zitrone in Scheiben schneiden. Die Flüssigkeit mit dem rest-
lichen Wasser und den Zitronenscheiben unter ständigem Rühren
langsam erhitzen, bis sich der Zucker aufgelöst hat. Die Blüten
und die Zitronenscheiben mit einem Sieb herausnehmen. Die
Flüssigkeit dann sprudelnd kochen lassen, bis die Gelierprobe
gelingt.

Das Gelee direkt in heiß ausgespülte Gläser füllen, Holunder-
dolden auflegen und das Glas bis zum vollständigen Erkalten auf
den Kopf stellen.

Tipp: Wenn Sie die wunderschönen Blüten der Stiefmütter-
chen oder Hornveilchen verwenden möchten, dann lassen
Sie diese vorsichtig auf die bereits an der Oberfläche leicht
gelierte Masse gleiten. Der Gelee ist dann allerdings für den
baldigen Verzehr gedacht, weil das Glas nicht mehr luftdicht
verschlossen werden kann.

Der Holunderblütengelee ist ca. 6 Monate haltbar.

Die Verpackungsidee für den Holundergelee finden Sie auf
Seite 38/39.

Zutaten für
6 Gläser à 200 ml

6 Holunderblüten-
dolden
1 unbehandelte
Zitrone
500 g Gelierzucker
2 plus 1
750 ml Wasser
Holunder- oder
Hornveilchenblüten
zum Verzieren

Papierblüten für den Holundergelee

Übertragen Sie die Vorlage auf den Musterkarton. Schneiden Sie nun den Kreis aus und die Linien ein. Schieben Sie den Kreis vom Einschnitt aus 4,5 cm ineinander, sodass eine Art Blütenkelch entsteht. Fixieren Sie den Kelch mit dem doppelseitigen Klebeband.

Nun ein paar Muffinförmchen so zusammenraffen, dass eine schöne Blüte entsteht. Nähen Sie diese wie abgebildet in der Mitte des Blütenkelches zusammen mit der Perle fest.

Schneiden Sie für den Anhänger ein kleines Rechteck aus weißem Fotokarton zu, beschriften und lochen Sie es.

Ziehen Sie zum Schluss das Satinband durch den Schlitz und binden Sie die Blüte und das Etikett mit einer Schleife an das Glas.

Material

Musterkarton in Gelb-Weiß gestreift
Muffinförmchen in Weiß
Fotokarton in Weiß
Holzperle in Weiß oder Gelb
Gelstift in Lila
Satinband in Dunkelrot, 9 mm breit
Faden in Weiß
Nadel
Lochzange
doppelseitiges Klebeband

Vorlage Seite 59

Sommerblütenpesto

verfeinert Brot, Nudeln und Salat

Die Mandeln in Öl anbraten. Nach dem Auskühlen mit den fein geschnittenen Blüten, dem Parmesan und den Gewürzen mischen. Geben Sie Öl zu, bis die gewünschte Konsistenz erreicht ist, und füllen Sie das Pesto in ein heiß ausgespültes Glas.

Serviervorschlag: Blütenpesto schmeckt köstlich als Aufstrich auf geröstetem Weißbrot, verfeinert Salatdressings oder kann zu Pasta gereicht werden.

Im Kühlschrank aufbewahrt ist das Pesto ca. 2 Wochen haltbar. Achten Sie darauf, dass es immer ausreichend mit Öl bedeckt ist.

Die Verpackungsidee für das Blütenpesto finden Sie auf Seite 44/45.

Zutaten für 250 ml

150 g Blütenblätter
(von Ringelblumen,
Kapuzinerkresse und
Zucchini oder Speise-
kürbis)
100 g gehackte
Mandeln oder
Pinienkerne
50 g geriebener
Parmesan
1 Knoblauchzehe
Salz
Pfeffer
Öl

Blüten–
pesto

Filigrane Papieranhänger für das Blütenpesto

Schneiden Sie aus dem Papier einen 3 cm x 7 cm langen Streifen zu. Verzieren Sie ein schmales Ende mit dem Eckenstanzer und fassen Sie die gegenüberliegende Kante etwa 7 mm breit mit rotem oder gelbem Masking Tape ein.

Bestempeln und lochen Sie den Anhänger dann wie abgebildet und binden Sie ihn mit dem Satinband am Glas fest.

Windlicht
sanft leuchtende Blütenpracht

Material

Fotokarton in Dunkelrot
Transparentpapier in Weiß
Mini-Blumenstempel
Stempelfarbe in Weiß
und Rottönen
doppelseitiges Klebeband
Falzbein
Duftteelicht mit Blütenduft

Vorlage Seite 58

Übertragen Sie die Vorlage auf den dunkelroten Karton und schneiden Sie das Motiv entlang der durchgezogenen Linien mit Schere oder Cutter aus. Legen Sie an den gestrichelten Linien ein Lineal an und fahren Sie mit dem Falzbein zweimal mit gleichmäßigem Druck daran entlang. An diesen Linien lässt sich der Karton jetzt gut falten.

Schneiden Sie aus dem Transparentpapier drei 9,5 cm große Quadrate zu und bestempeln Sie diese ganz nach Ihrem Geschmack mit dem Blumenstempel. Nach dem Trocknen der Stempelfarbe die Transparentpapiere hinter die Fenster des Fotokartons kleben und das Windlicht mit dem doppelseitigen Klebeband schließen. Zum Schluss das Duftteelicht einsetzen.

Hinweis: Bitte lassen Sie das Windlicht nicht unbeaufsichtigt brennen!

Blütenzucker
süß und aromatisch

Die Blüten mit dem Zucker vermischen, in ein verschließbares Glas geben, an einen dunklen Ort stellen und ziehen lassen. Nach einer Woche hat sich das Aroma im Zucker entfaltet und kann zum Verfeinern und Aromatisieren von Desserts, Süßspeisen und Tees verwendet werden.

Auf dieselbe Weise kann man auch Veilchenzucker herstellen.

Serviervorschlag: Mit der Zugabe dieses Aromazuckers können Sie z. B. Gebäck und Süßspeisen veredeln.

Der Blütenzucker ist luftdicht verschlossen ca. 6 Monate haltbar.

Die Verpackungsidee für den Blütenzucker finden Sie auf Seite 50/51.

Zutaten für
500 g Zucker

450 g Zucker
50 g Lavendel-
oder Rosenblüten
(frisch oder
getrocknet)

Spitzentütchen
für den Blütenzucker

Material

Packpapierbeutel mit
Sichtfenster, 8 cm x 25 cm
Papier in Lila- und
Rosatönen
Tortenspitze in Weiß
Fotokarton in Weiß
Konturenschere mit
Wellenrand
Lochzange
Satinband in Cremeweiß
und Dunkelrot, 3 mm breit

Schneiden Sie aus dem farbigen Papier ein 8 cm x 10 cm großes Rechteck zu. Legen Sie die Tortenspitze so auf, dass das Papier unten etwa 1,5 cm übersteht. Fixieren Sie beides aufeinander und schneiden Sie die überstehende Tortenspitze an den langen Seiten des Rechtecks weg. Runden Sie das Papier am unteren Rand mit der Konturenschere ab.

Für das Etikett einen schmalen Streifen Fotokarton beschriften, das schmale obere Ende mit der Konturenschere verzieren und den Anhänger lochen.

Befüllen Sie dann den Packpapierbeutel, legen Sie die Verzierung wie abgebildet auf und wickeln Sie die Tüte zu. Lochen Sie den Beutel und binden Sie das Etikett mit einer Schleife daran fest.

Wissenswertes über Blüten

Blüten trocknen

Wenn in den Sommermonaten die Pflanzen in Hülle und Fülle blühen, bietet es sich an, Blüten für die kalte Jahreszeit haltbar zu machen. Hier gibt es mehrere Möglichkeiten:

Blüten, die zum späteren Ansetzen von Essig und Öl verwendet werden sollen, kann man locker gebündelt an den Stängeln kopfüber aufhängen; am besten in einem warmen, gut durchlüfteten Raum.

Eine Trocknung auf niedrigster Temperatur im Backofen ist auch möglich. Dazu muss die Backofentür einen Spalt offen bleiben, damit die Feuchtigkeit abziehen kann und die Trockentemperatur unter 35 °C bleibt.

Ringelblumenblütenblätter, Rosenblätter und Lavendelblüten lassen sich gut trocknen und können, wenn sie rascheltrocken sind, in fest schließenden Gläsern kühl, dunkel und trocken aufbewahrt werden. Sie können dann bei Bedarf zum Garnieren von Speisen und Desserts verwendet werden.

Sicher genießen

Experimentieren Sie nicht mit Blüten, von denen Sie nicht eindeutig wissen, dass sie genießbar sind. Achten Sie außerdem unbedingt darauf, dass die Blüten nicht mit Pflanzenschutzmitteln oder anderen Chemikalien behandelt wurden.

Insekten

Um versteckte Insekten loszuwerden, sollten Sie die Blüten kopfüber ausschütteln. Wenn nötig, können Sie die Blumen auch in kaltem Wasser abwaschen und anschließend trocken tupfen.

Erntezeit

Blüten sind sehr empfindlich. Damit sie nicht verwelken, ist es ratsam, die Blumen erst unmittelbar vor der Verwendung zu pflücken. Die beste Erntezeit ist vormittags, wenn der Tau auf den Blütenblättern getrocknet ist. Scheint die Sonne zu stark, verflüchtigen sich die ätherischen Öle. Duft und Aroma sind am intensivsten bei Blüten, die sich gerade erst geöffnet haben.

Kandierte Blüten
der Klassiker

Zum Kandieren eignen sich besonders Rosenblüten und -blätter, Veilchen- und Ringelblumenblüten, Lavendel- und Borretschblüten.

Die Blüten werden sorgfältig mit dem Pinsel mit leicht geschlagenem Eiweiß eingestrichen und mit feinkörnigem Zucker bestreut. Danach auf einem mit Backpapier ausgelegten Blech im Backofen bei niedrigster Temperatur trocknen. Die Backofentür dabei einen Spalt offen lassen, damit Feuchtigkeit entweichen kann.

Servier- und Verwendungsvorschlag: Kandierte Blüten können als Nascherei verschenkt oder als edle Dekoration für Torten und Desserts verwendet werden.

Die kandierten Blüten sind kühl und trocken gelagert ca. 8 Wochen haltbar.

Die Verpackungsidee für die kandierten Blüten finden Sie auf Seite 56/57.

Zutaten

Rosen-, Veilchen-, Ringelblumen-, Lavendel- und Borretschblüten
Eiweiß
feiner Zucker

Hübsche Tüten
für die kandierten Blüten

Material
Zellophantüte
Karton in Weiß-Orange gepunktet
Papier in Weiß und Orange
Konturenschere mit Wellenrand
evtl. Motivstanzer „Oval mit Wellenrand"
Heftgerät

Schneiden oder stanzen Sie für das Etikett ein Oval mit Wellenrand aus dem weißen Papier aus und beschriften Sie es. Kleben Sie es auf ein etwas größeres, ovales Stück orangefarbenes Papier und verzieren Sie dieses mit der Konturenschere.

Aus dem gepunkteten Karton ein 11,5 cm x 14 cm großes Rechteck ausschneiden und in der Hälfte parallel zur kurzen Seite falzen. Kürzen Sie eine Kante mit der Konturenschere und kleben Sie das Etikett auf. Befüllen Sie den Beutel, schließen Sie ihn, legen Sie den Karton auf und heften Sie ihn am Beutel fest.

Kandierte
Blüten

Vorlagen

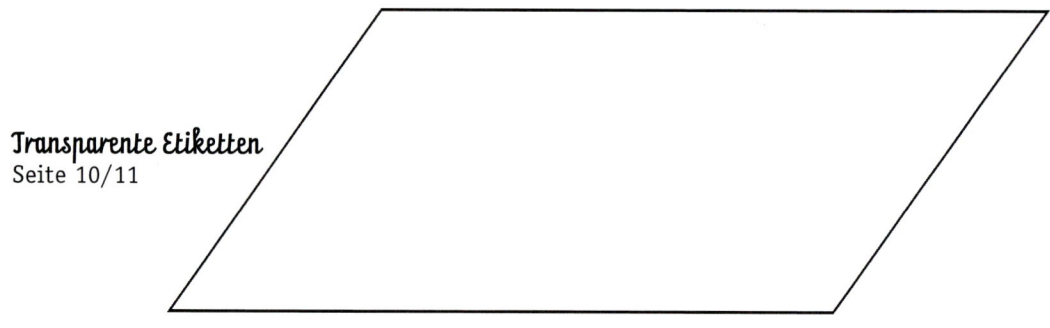

Transparente Etiketten
Seite 10/11

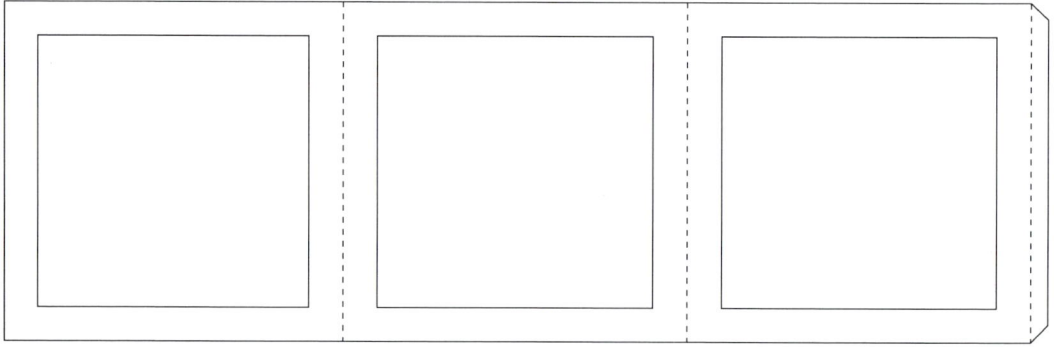

Windlicht
Seite 46/47
Die Vorlage auf 222 % vergrößern

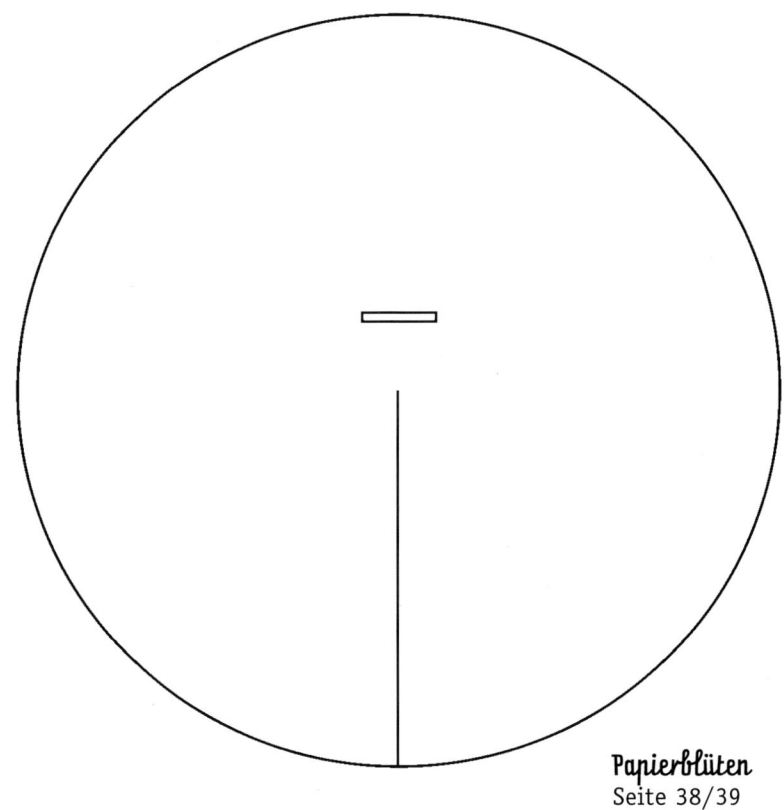

Papierblüten
Seite 38/39

Die kreative Manufaktur
Selbermachen. Genießen. Verschenken.

Bücher aus der kreativen Manufaktur

TOPP 5902
978-3-7724-5902-3

TOPP 5900
978-3-7724-5900-9

TOPP 5901
978-3-7724-5901-6

TOPP 5903
978-3-7724-5903-0

TOPP 5904
978-3-7724-5904-7

In der kreativen Manufaktur entsteht Einmaliges und Unverwechselbares. Hier werden schöne Dinge noch mit Liebe und Leidenschaft von Hand gefertigt und mit Sorgfalt verpackt.

Die Welt der kreativen Manufaktur umfasst liebevoll gestaltete Bücher und ein umfangreiches Produktsortiment zum Thema „Schenken und Verpacken".

TOPP 5905
978-3-7724-5905-4

TOPP 5906
978-3-7724-5906-1

TOPP 5907
978-3-7724-5907-8

TOPP 5908
978-3-7724-5908-5

TOPP 5909
978-3-7724-5909-2

TOPP 5911
978-3-7724-5911-5

Schenken und Verpacken
mit der kreativen Manufaktur

Im Design der kreativen Manufaktur gibt es auch Etiketten, Geschenkanhänger, Dosen, Schachteln und vieles mehr. Sie sind über den gut sortierten Buchhandel oder www.kreative-manufaktur.de erhältlich.

8 Geschenkschachteln
Art. Nr. 9125
€ (D) 7,99/€ (A) 8,10

Geschenkanhänger
Art. Nr. 19420
€ (D) 3,99/€ (A) 4,10

2 Dosen
Art. Nr. 9133
€ (D) 7,99/€ (A) 8,10

Baker's Twine in Gelb, Rot oder Grün
Art. Nr. 19426 / 19441 / 19442
jeweils € (D) 9,99/€ (A) 10,30

63

Die Autorinnen

Anna Postel

Annette Kunkel

Anna Postel

Mit einer Begeisterung für alles Schöne aus Stoff und Papier entschied sich Anna Postel nach dem Abitur zu einer Buchbinder-Ausbildung. Von 2007 bis 2012 studierte sie Buchkunst an der Burg Giebichenstein Kunsthochschule Halle und schloss das Studium als Diplomkünstlerin ab. Unter ihrem Label „Kleine Madame" vertreibt sie handgearbeitete Schachteln und genähte Einzelstücke.

Annette Kunkel

Im Sommer Blüten und Kräuter zu sammeln, gehörte schon immer zu meiner Leidenschaft. Bei den Rezeptentwicklungen habe ich auf regionale kulinarische Traditionen zurückgegriffen, die in der Familie überliefert wurden. An diesem Buch habe ich besonders gerne mitgearbeitet, da ich nicht nur mit Freude koche, sondern auch mit Leidenschaft kreativ bin: Seit 1998 habe ich beim frechverlag Bücher zu den verschiedensten Themen veröffentlicht.

Impressum

Verpackungsmodelle: Anna Postel
Rezeptentwicklung: Annette Kunkel

Fotos: frechverlag GmbH, 70499 Stuttgart; Fotolia: Andrea Wilhelm (Seite 18 unten), Angela (Seite 40/41), Axel Gutjahr (Seite 53 rechts), CCat82 (Seite 8 unten), Christian Jung (Seite 52 Mitte), Dana Krimmling (Seite 27 unten rechts), E. Zacherl (Seite 16 oben Mitte), Elena Schweitzer (Seite 28 unten links), Eschwarzer (Seite 17 unten Mitte), fu-tu-re (Seite 8 oben), Gaai (Seite 16 oben rechts), Gudrun (Seite 16 unten rechts), Heggie (Seite 27 links), Heike Rau (Seite 52 oben), Ina Schoenrock (Seite 54 unten), Klaus Reitmeier (Seite 12 unten), Marie Lhopital (Seite 36 oben), Marina Lohrbach (Seite 53 Mitte), Martina Stumpp (Seite 15 links), Monropic (Seite 31 unten), photobox28 (Seite 45 links), photocrew (Seite 12 oben und 7 Mitte), PhotoSG (Seite 31 oben und 53 links), SG- design (Seite 49 oben), Sven Knie (Seite 11 unten links), Team 5 (Seite 24/25), Windu (Seite 54 oben), © Fräulein Zuckerwatte – www.fraeuleinzuckerwatte.de (Bild Anna Postel (Seite 64)); lichtpunkt, Michael Ruder, Stuttgart (alle übrigen)

Reihenkonzept: Katrin Hartmann
Produktmanagement: Katrin Hartmann
Lektorat und Stimmungstexte: Beeke Heller, Susanne Dubbers und Katrin Hartmann
Markendesign und Layout: N I T R I B I T T Kommunikation & Design, Thomas Detlaf, Kischa Scheibe, Marco Schenck, www.nitribitt.com
Satz: elektrolyten, Petra Schmidt, München, www.elektrolyten.de

Druck und Bindung: G. Canale & C. S.p.A., Europe

Hilfestellung zu allen Fragen, die Materialien und Kreativbücher betreffen:
Frau Erika Noll berät Sie. Rufen Sie an: 05052/911858 (normale Telefongebühren)

1. Auflage 2013
© 2013 frechverlag GmbH, 70499 Stuttgart

ISBN 978-3-7724-5910-8
Best.-Nr. 5910